Carmen Voss

entbrannt

AF237351

Carmen Voss

entbrannt

Lyrik und Texte

Bibliografische Information der Deutschen
Nationalbibliothek:
Die Deutsche Nationalbibliothek verzeichnet diese
Publikation in der Deutschen Nationalbibliografie;
detaillierte bibliografische Daten sind im Internet über
http://dnb.dnb.de abrufbar.

Herstellung und Verlag: BoD – Books on Demand,
Norderstedt

ISBN: 978-3-7534-6506-7

Ein Funke genügt
einen Flächenbrand zu entfachen

Für meine Familie

Ich möchte mich herzlich bei @claudiaroesner_textdna und @zascha.baerenz sowie meiner Freundin Andrea W. bedanken, die mich immer in Richtung „Buch" geschubst haben. Ohne euch hätte ich es vermutlich nicht gewagt diesen Schritt zu gehen.

Danke auch an alle anderen großartigen Menschen auf Instagram – ihr seid mir so sehr ans Herz gewachsen und stets eine Quelle der Inspiration! Ganz besonders möchte ich mich bei @die_leeserin und @novemberkind.77 bedanken.

Am Anfang
nur ein Gedanke
rastlos
in tiefster Dunkelheit
ein stiller Funke
kaum mehr
als ein zartes Glimmen
das wuchs
sich ausbreitete
einen Brand entfachte
das Wort erschuf

Explosion in der Stille

Mut

    zu sprechen

Mut

    zu widersprechen

Mut

    zu gehen

Mut

    zu bleiben

Mut

    das Falsche zu tun

Mut

    Ketten zu sprengen

Mut

    Grenzen zu setzen

Mut

    mein stummer Widerstand

Das Licht kann niemals
existieren
ohne Schatten

sonst wäre es ein Nichts
im leeren Raum
darum begrüße ich beides

denn ohne das Dunkel
könnten meine schwachen Augen
das Licht niemals sehen

Für meine Tochter

Sei mutig
sei stark
sei frei

sei unerschrocken
und gütig

sieh sie dir an die Welt
mit deinem Herzen

kämpfe um Menschen
nicht um Dinge

verlier dich nie selbst
bleib dir stets treu

Liebe!

Ich lasse alle Mauern fallen
schwach und verletzlich
gewähre ich dir
einen Blick in mein Innerstes
entblöße meinen Geist
gestatte dir
mich zu sehen
wie ich wirklich bin
wer ich wirklich bin
keine Spiele
keine Geheimnisse
einfach ich

sieh
mich
an

Für meinen Sohn

Sei immer echt
sei ganz
sei kein Schatten

bleib niemals stehen
such neue Wege
neue Ziele

vergiss nie zu träumen
halte das Glück
mit beiden Händen

hab stets mehr Fragen
als Antworten
vergiss nie wer du bist

bewahre deine Seele
an einem sicheren Ort
verbirg nie dein Herz

An diesem Tag
an dem die Sonne nicht mehr aufging
lernte ich die Dunkelheit zu lieben
umgab mich mit ihr
wie mit einer warmen Decke

Das Licht der Sterne
streichelt nun sanft mein Haar
geht mir tief unter die Haut
wieviel mehr
können meine schwachen Augen nun sehen

Für meine Freundin T.

Ich kann sie sehen
deiner Seele Narben
deines Herzens Wunden
bedeckt nur von
feiner silbriger Haut
wie ein Phönix aus der Asche
stiegst du empor
verbranntest zuvor dich
und deinen Schmerz

ich kann sie sehen

die Mutter
die Frau
die Kriegerin

Zerbrechlich

Bin gerade
so in mich versunken
dass die Welt mir fern erscheint

bedeutungslos

Wort für Wort
nähere ich mich
wieder an

Wir alle sind nur
winzige Punkte im großen All
Sternenstaub
in der Unendlichkeit

jeder von uns
ein Puzzleteil
zusammen
könnten wir Liebe sein

Vorsichtig
strecke ich meine Flügel aus
bereit den Himmel zu berühren

strecke
meine Schwingen
den Blick zum Horizont

tiefblau wird meine Welt

An manchen Tagen
liegt meine Seele oben auf

dieses sanfte Licht
meiner Mitte entsprungen

nackt und zerbrechlich
gänzlich ungeschützt

Sanftes berühren
ausdrücklich
gestattet

Lass dich fallen
in das Dunkel der Nacht
umarme die Finsternis
die tiefe Schwärze
in die kein Licht
einzudringen vermag
und mit ihr all ihre Dämonen

liebe sie
ohne Furcht
mit deinem ganzen Herzen
mit all deiner Kraft
denn auch sie sind Geschöpfe
deinem Geist entsprungen
durch deine Ängste genährt

lass dich fallen in ihre Arme
und führe sie
in des Tages helles Licht

Liebe sie
Liebe dich

Meine dunkelsten Gedanken
aus meinen dunkelsten Tagen
bewahre ich gut auf

verwahre sie wohl
an einem geheimen Ort
dort ruhen sie und warten

ab und zu
tauche ich ein
in diese dunklen Gedanken

begebe mich
still und stumm
in ihre Mitte

lasse sie zu
um mich gestärkt und befreit
daraus zu erheben

mit leichtem Herzen
und einem Lächeln im Gesicht

...und wenn ich ein Hindernis sehe
auf meinem Weg
dann lächle ich freundlich
zucke mit den Schultern
und steige darüber

mit einem großen Schritt!

Dreimal brach mein Herz
dreimal brach mich der Schmerz
zerrissen von so viel Gefühlen
fehlte mir der Atem

Zerrissen von all dem Schmerz
fehlte mir der Mut
zerrissen von all der Trauer
blieb ich einfach stehen

Dreimal brach schon mein Herz
dreimal ging ich verloren
dreimal wurde ich neu geboren

... und dann
ist mir klar geworden
ich glaube doch an Märchen
wenn ich kein passendes finde
schreibe ich es einfach selbst
und lese es mir vor

solange
bis es wahr wird

Es bedarf
nicht
vieler Worte

sei gütig
liebe
sei mutig
und gerecht

.

vertraue
ein bisschen
sei auch
wachsam

Was mich aufrecht erhält
ist mein unerschütterlicher Glaube
an das Gute

meine Hoffnung
dass nichts
geschieht ohne Grund

und mein Vertrauen
in das Leben
selbst

All' diese Worte
dich ich dir nie schrieb
malte ich mit Gedanken
in die vorbeiziehenden Wolken
damit der laue Wind
sie eines Tages
ganz sanft
in dein Ohr flüstern könnte

Tränenverhangene Augenblicke
gefüllt mit Weltschmerz
und Schluchzern
aus den Tiefen
meiner Seele

Fallen lassen
für einen Moment
eintauchen
in meine Tiefen
bis ich zerfalle
zu Sternenstaub

Dann stehe ich auf
setze mich
neu zusammen
Stück für Stück

Meine Welt wankt
gerät von Zeit zu Zeit
aus den Fugen
bis ich strauchle

Ich falle
falle tief

Kehre zurück
in meine Mitte
an diesen Ort aus Stille
und strahlend weißem Licht

Im Verborgenen
heile ich mich
bis nur noch silberne Narben
meine Haut zieren

Fragile Kunstwerke
aus Liebe und Schmerz und Leben

Dann kehre ich zurück
mit erhobenem Haupt
die Schultern gestrafft
den Blick nach vorn gerichtet

Immerhin
habe ich eine Welt
neben der Welt
mit Träumen
und Geschichten
mit Gefühlen
und mit
unendlichen Optionen

Ich wäre so gerne
dein Hafen
am Ende dieser Welt
bin ich gefangen
gebunden durch Worte
und Blut
stärker als Ketten
Zeit ist nicht Zeit
ist nicht Zeit
ist der Weg
der den Anfang verbindet
mit dem Ende
so bleibt nur
das Wort

Heute
ist ein guter Tag
zu lieben
der Tod kann warten
er hat ja Zeit

Ich weiß noch genau
als ich begann zu schreiben
die Gefühle dabei
als wäre ich eins
mit mir selbst
als wären meine Worte
wichtig genug
gehört zu werden
Nächte voller namenloser Gedanken
bei Kerzenschein und Zigarettenrauch
als ich jung war und wild
und meine Gefühle groß und tief
wie ein Ozean

Ich weiß noch genau
wie es war
als ich erneut begann zu schreiben
die Gefühle dabei
als würde ich mich wiederfinden
ausgraben aus der nassen Erde
mit meinen eigenen Händen
als wären meine Worte
wichtig genug
gehört zu werden
Nächte voller Zweifel und Verwirrung
voller namenloser Gedanken
voller Sehnsucht und Fragen

Meine Worte
sind Wege
und Träume
und Gefühle
und Wahrheiten

Meine Worte
sind wie ich
wichtig genug
gehört zu werden

Die Macht
der Worte

ungebrochen

in einer Welt
der Stille
muss Ungesagtes
ans Licht

Freiheit
und Mut

Gefühlsstrudel

Ein Wort gibt das andere
hinterlässt Spuren
auf Herzwänden
blutige Kratzer auf
Mauern aus Stahl

Ich halte mich selbst
ganz fest
dort wo kein
Entrinnen möglich scheint
muss es ihn geben
den Plan B

Aufrecht

Zwischen
alles wird gut
und
neuer Normalität
bleibe ich
aufrecht stehen

In einer Welt ohne Worte
wäre ich die Stimme
die sich erhebt

Wieder und wieder!

Zerbrochenes Glas
Fragmente
glitzernd
kühl
verfremden
mein Gesicht
ich finde mich
nicht wieder
erkenne
weder Mund
noch Augen
allein die Tränen
die auf Scherben fallen
verraten
das bin ich

Der Sonne entgegen
renne ich
immer weiter
mache mich frei
das Päckchen mit Tränen
streife ich ab
irgendwo in den Nächten
die frei sind von Licht
doch voller Dämonen
ihren Atem noch auf meiner Haut
fliege ich
dem Licht entgegen

Die Nacht kann warten

Ich sah dich
in all meinen Träumen
schon lange
vor der Zeit
bevor die Sonne aufging
zum allerersten Mal

bevor ich
ich wurde

ich sah dich
in den Sternen
wartend
auf mich
auf uns
irgendwann

Ich lehne mich zurück
in deine Worte
stelle mir
deine Stimme vor
die mir vorliest
bis der Tag zu Ende geht
und ich ihn weiterträume
deine Stimme
in meinem Kopf
deine Haut
an meiner
will ich bleiben
niemals erwachen

Und immer wieder
forme ich Worte
ganze Sätze
aus Herzschlägen
obwohl ich schweigen sollte
obwohl es klüger wäre
meine Gedanken
hinter Mauern zu verbergen
obwohl
ich klüger sein sollte
es aber nicht bin
es nicht länger sein will

An den dunkelsten Tagen
drehe ich meinen Kopf
dem Licht entgegen
nach einem Schimmer

Hoffnung

oft nicht mehr
als das Funkeln
entfernter Sterne
in fernen Galaxien

an den dunkelsten Tagen
schließe ich meine Augen
suche das Glimmen
den kleinen Funken Hoffnung
tief in mir

Es war nur eine kleine Hoffnung
eine Ahnung von Leben
von Weite und Freiheit
die das Herz in guten Momenten spürte
sehnsuchtszerrissen
könnte es doch anders sein
könnte es nur die Muster durchbrechen
die Starre und die Kälte überwinden
könnte doch nur ein Wunder geschehen
die Freude wiederkehren
und das Lachen
so überlebte das Herz
Tag für Tag
für die Hoffnung
Nacht für Nacht
für die Träume
für die Weite
und alles danach

Manchmal
fällt es den Sternen so schwer
dieses Leuchten
das die Augen
nicht immer erreicht
manchmal
siegt die Dunkelheit
für einen Herzschlag
und der Atem stockt
doch niemals
schwindet mein Mut

Leg mich in Fesseln
nimm mir meinen Namen
mein Gesicht
doch die Freiheit in mir
ist unantastbar
fast kostbarstes Gut
hält sie mich hoch
an jedem Ort
zu jeder Zeit
mein innerster Kern
niemals gefangen
niemals gebunden
entziehe ich mich deiner Kontrolle

Wenn ich bleibe
aus freien Stücken

Wenn ich gehe
nicht weil ich muss

Wenn ich liebe
mit all´ meiner Seele

Radikaler
kann Freiheit nicht sein

Siehst du die Wunder?
Sie sind überall...

Der Himmel
gezeichnet
mit Wolken
und Tränen
und deinen Träumen
in denen ich lächelnd ruhe
die Stille genieße
im Takt unsere schlagenden Herzen
unendliche Freiheit
schließe ich die Augen
bin ich bei dir
nur ein Wimpernschlag Zeit
zwischen uns
doch Zeit ist nicht Zeit

Wege ändern sich
Träume hingegen bleiben

Mit den Spitzen
meiner Finger
berühre ich die Wolken
male neue Träume
auf deine Haut

Wie sich deine Haut
anfühlen würde
nachts
unter all den Sternen

Gehalten von deinen Armen
würde ich dich atmen
wie wäre wohl
dein Geruch

Deine Blicke
würden mich berühren
schimmerndes Mondlicht
in deinen Augen

Verbunden
durch unsere Träume
nur den Nordwind
im Gepäck

Zwischen alten Rissen
und aufgeplatzter
Herzhaut
wirkt
diese neue Narbe
gar nicht so schlecht
gibt meinem Herzen
etwas Verwegenes

Piratenherz

Nur das Salz
brennt etwas

... und als die Sehnsucht
erst geweckt war
blieb sie

für immer

wortlos
voller Erwartung
hoffnungslos
ganz Gefühl

allein

Etwas vermissen
jenseits der Sehnsucht

bei mir ankommen
ganz sein
mich verlieren
mich finden
etwas wagen
mir selbst gehören

echt sein
und schließlich
bleiben

Entwurzelt
lasse ich mich fallen
in ein Netz
aus hauchfeinen Fäden
gesponnen aus Blut
und Freundschaft
und geben
so viele Leben
miteinander verknüpft
so viele Leben
berührt
hoffe ich nun
dass die Fäden
nicht reißen
dass dieses Netz
mich trägt

Aus der Asche
meiner Tränen
auferstanden
spreize ich meine Flügel

Tränenphönixe
fliegen hoch

Ein Schritt noch
über den Rand

nur ein Schritt noch

dann bliebe
nur Leere
unendliche Schwärze

Stille

ein Schritt noch
über den Rand
ohne einen Blick zurück

doch niemals lass ich dich los

denn das hier
wird nicht das Ende sein

Manchmal
verlangt der Mut nach Stille
um sich neu zu finden

Manchmal
braucht der Mut mehr Hoffnung
als der Augenblick ihm geben kann

Manchmal
reichen Stärke und Unerschrockenheit
dem Mut die Hand

Niemals
verlässt mich der Mut

Vielleicht
ist alles
ausgeschrieben
aufgeschrieben
abgeschrieben
lautlos versickert
zwischen Zeilen
und Blättern aus Papier

vielleicht fehlen Worte
nicht
weil Worte fehlen
sondern
weil zu viele Worte
gesprochen
zu viele Gefühle
gefühlt sind

zu viel für die Sehnsucht
zu viel für mich
einfach so
zu viel

ich vermisse die Sehnsucht
und mich

Fragil
diese hauchfeine Wand
zwischen Leben
und Nacht

ätherisch

ich sehe dich
sehe dich an

erkenne dich
nicht
wieder

am Ende
geht es um alles
ist alles nichts wert
ohne dich

Und so denke ich
an dich
und doch nicht
an dich

an die Weite
an die Leere
an all deine Worte

an alles
was ich dir nie schrieb

dass ich wissen möchte wer du bist
und doch lieber nicht

dass ich dich sehen möchte
und es nicht gut wäre

dass ich dir nahe sein möchte
doch die Distanz brauche

dass ich nicht verlieren möchte
was mir längst nicht mehr gehört

dass ich dich nicht besitzen kann
dass ich dir nicht gehöre

dass du dort bist
und ich hier

dass sie gut ist
diese Weite zwischen uns

dass ich sie mag
deine Worte

dass ich dir lauschen werde

immer
oder so lange du mich lässt

dass ich froh bin
wegen dir

Vielleicht ist so das Leben

vielleicht muss die Dunkelheit
das Helle besiegen

vielleicht muss erst alles
in Schutt und Asche liegen

damit etwas Neues entstehen kann

feuergereinigt

gewinnt am Ende
doch immer

das Licht

Den Sternen so nah
doch fehlen die Worte
den Himmel zu greifen

abgelegt in einer staubigen Ecke
zwischen Nacht und Morgen

hinter brüchigen Zeilen

bleiben wir
wie wir sind

wortlos
ohne Sterne

nie ohne Träume

denn meinen Träumen
wachsen Flügel
über den Rand hinaus

Wutentbrannt
Mutentbrannt
Entbrannt

brenne ich lichterloh
halte ich es aus
diese Glut
unter der Oberfläche
alles verzehrend
greift sie aus mir heraus
entfesselt
verzehrt sie mich
alles um mich herum
bis nur noch Asche bleibt
verbrannte Erde
bleiche Knochen

Stille

Würdest du mich fragen
so würde ich dir antworten
dass dieses Erwachen
unumkehrbar ist

niemals mehr
wird dein Blick getrübt sein
deine Sinne einmal erweckt
gibt es kein Zurück

Leben
und Wahrheit
finden immer
einen Weg

Dieses Gefühl
als müsste ich platzen
sterben
vor Sehnsucht
nach dir
nach uns
nach morgen
und allen Tagen danach
nach irgendetwas
das mich berührt
eine Sekunde nur
oder für die Dauer eines Lebens
Atemzug um Atemzug
dieses Sterben
vor Glück
als wäre ich unvollständig
ohne dieses Gefühl

Vielleicht wirst du eines Tages
all´ unsere Geschichten kennen

selbst ein Teil
davon sein

deinen Dämonen
zum Trotz

werden sie beginnen mit „weißt du noch…"
und wir alle werden lachen

Das wird schön!

Ich atme dich
wenn die Nacht am dunkelsten ist
jenseits der Zeit der Träume
dein Geruch
auf meinem Kissen
auf meiner Haut
erinnere ich mich
halte dich
verborgen
in den Tiefen
meiner Seele

atme dich
niemals mehr aus

Jenseits der Stille
lasse ich mich
von dir verführen

~~so gerne~~

von deinen Worten
berühren

~~in meiner Tiefe~~

du bist
mein zärtliches Gefühl
in allen Nächten

~~mein dunkelstes Geheimnis~~

mein lichter Gedanke
an allen Tagen

Der Himmel bleibt stumm
in dieser Nacht
sternenlichtverloschen
während alle Hoffnung weicht

und das Vakuum siegt
für diesen Moment

reglos am Boden
in dieser Pfütze
aus Eis und Schlamm

und Stille wird zu Stille
nur deine Schreie
zerreißen die Nacht
die Welt steht plötzlich still und starr

während die verdammte Sonne
einfach nicht aufgehen will

und doch
am Ende der Verzweiflung
wartet Hoffnung

und wenn deine Kraft dich verlässt
werde ich dich tragen

denn Stärke wird aus Schmerz gemacht
und Mut aus Liebe

Ich sehe dich
fühle mich
um dich herum
spüre die Weite

sehe

die Zukunft
wird großartig sein

Tränen rinnen
versickern
wie Leben
zwischen Kissen und Sekunden
zeitlos dahin
ungesehen
erhebe ich mich

Sich trauen
keine Angst zu haben

oder Angst haben
und trotzdem
weitermachen

Schritt für Schritt
mutig sein

sich trauen
die Angst zu überwinden

Jeden Tag
jede Stunde
jede Minute
weitermachen

über die Dunkelheit hinweg
das Licht finden

über Gräben springen
wo Abgründe sind
die Wärme spüren
wo Eis auf blanke Haut trifft

niemals aufgeben
niemals den Mut verlieren

So viel Hoffnung!

Ich lege mich
in deine Sterne
du
die Nacht
an meiner Seite
auf ewig und
ich liebe

„Heute wird ein guter Tag"
wispert meine Seele mir zu.

„Danke mein Schatz"
flüstere ich leise zurück.

Manchmal muss man weinen
bis die Augen leer
und alle Tränen versiegt sind
um dann
mit klarem Blick
und leichtem Herzen
die Augen wieder nach vorne zu richten
einem neuen Tag entgegen

Plötzlich aus dem Rahmen gefallen
sprenge ich das Bild
welches du hattest von mir
ausgebrochen aus der Norm
entspreche ich
deinem Standard nicht mehr

bin jenseits der Regeln

Meine Füße
grabe ich in den heißen Sand
betrachte die Sterne
lausche dem Wind in den Bäumen

Ist schön hier

Es lag eine Leichtigkeit
über den Tagen
ein heiteres Schweben
schmetterlingsflügelgleich
bevor der Regen kam
der die Leichtigkeit fortspülte
der alles mitnahm
auch die Freude und den Mut

Er nahm die Fröhlichkeit mit
und alle Farben
und ließ
nichts zurück

Es lag eine Leichtigkeit
über den Tagen
der Regen nahm sie fort
doch eines Tages
kehrte sie zurück

Wie im Nebel
verliere ich mich
der Weg
vor mir
beginnt zu verblassen
als ein Schrei
meiner Kehle entweicht

eiskalt
die Klauen
die mein Herz umfangen
während ich schwinde

niemals kampflos

halte ich die Zeit an
blicke ich deine leeren Höhlen

niemals kampflos

lasse ich dich gewähren
dränge dich zurück
Schritt für Schritt
in das Reich der Nacht

Irgendwann
vom Weg abgekommen
ging ich wohl verloren
zwischen Alltag und Nichts
unbemerkt
verschwunden

Nun grabe ich mich aus
lebe mich zurück
kann das Licht
schon wieder sehen

Ich würfle

Wort für Wort
einen ganzen Satz
dazu etwas Glitzer
ein wenig Gefühl

Träume

und immer neue Worte
direkt aus meinem Herzen gerissen
fein säuberlich verschnürt
und abgeschickt
lehne ich mich zurück
in meine Gedanken
deine Gedanken

und alles Licht
das ich finden kann

An grauen Tagen
kehre ich wieder

stelle
lautlose Fragen

lausche

ungehörten
Stimmen im Wind

gebe mir
stumme Antworten

einen Tag
nach dem anderen

lebe ich mich
zurück

Meine Fingerspitzen
strecke ich aus
bereit
die Stille zu ertasten
fühle ich Worte
wie Versprechen
geschmiedet
die Leere zu füllen
den Himmel
zu berühren

Vor dem Sturm
waren da Stille
und Reglosigkeit
beinahe Heiterkeit
und Erwartung
bis die wilden Winde wehten
an Ästen und Bäumen rüttelten
und an mir

Mich dazu brachten
mir geheime Fragen zu stellen
und mir selbst
geheime Antworten zu geben
die niemand hören darf
die niemand hören wird

Der Sturm wird kommen
meine Geheimnisse
in der Weite zerstreuen

Wie sehr er auch an mir reißen mag
an meinem Innersten zerren wird
der Sturm wird gehen
ich werde bleiben

Gefunden
verloren

danach Stille

diffuses Rauschen
inmitten der Ohnmacht

wortlos gefühlt
über den Schmerz hinaus
bis nichts mehr bleibt

nur Leere
und wieder
Stille

konturlos im Nebel
bis ich es spüre
dieses Glimmen

Schritt für Schritt
finde ich zurück

Weil ich die Nacht so sehr liebe
umgarnt sie mich zart

mein Königreich
inmitten der Sterne

emporgehoben
in ihr silbernes Licht

erfüllen ihre Schatten
mich nicht länger mit Angst

Mein Spiel mit den Worten

Manchmal
verrutschen
Realität
und Fiktion
zwischen den Zeilen
musst du raten
was echt ist
wo das Ich endet
der Traum beginnt
hinter Sätzen
aus Rauch und Glas
neben seltsam
geschwungenen
Pfaden

Ich glaube an dich!

Einfach so
weil du bist
wie du bist

das genügt

Goldene Sonne
verborgen hinter Zweigen
verlässt langsam den Tag

Farben weichen grauen Nebeln

Die Nacht kriecht hervor
schlängelt sich
durch Spalten und Ritzen
und mit ihr
die verborgenen Ängste

Ich streife euch ab
gewähre euch
keinen Zutritt mehr
heiße
die Nacht willkommen

bedecke mich
mit des Mondes hellem Licht

So viele Sterne…

Hätte mein Glück eine Farbe
dann den Farbton
von flüssigem Karamell

warm und sanft schimmernd
ein bisschen
wie flüssiges Gold

Mut ist wie Sehnsucht
einmal geweckt
bleibt er für immer

Mutlos
Haltlos
Planlos

finde ich zurück zu mir
in meinen dunkelsten Stunden
verharre ich
kurz

wende mich ab
von Kummer und Schmerz
bin mir
selbst Licht genug

Mutentbrannt!

Nicht bereit
hinzunehmen
was jeder Logik
widerspricht
fühle ich mich

radikal
voller Wut

mit geradem Rücken
aufrecht stehend
biete ich euch
stumm
meine Stirn

wenn ich auch schreien könnte
und toben
wild um mich schlagen

so lebe ich doch
den stillen Widerstand

kalt lächelnd
befeuert

von glutheißer Wut

Da sitze ich nun
und lese und schreibe
sehe wie sich alles ändert
bin sprachlos
bin haltlos
nicht ziellos
spüre mein Wachsen
die Veränderung
soviel geschehen
soviel noch offen

Die letzte Rechnung
noch nicht gemacht

Vielleicht bin ich die Stille
die Pause zwischen deinen ungesagten Worten

Vielleicht bin ich die Leere
die deine Gedanken beherrscht

Vielleicht bin ich die Dunkelheit
deren Schönheit dir verborgen bleibt

Doch vielleicht
bin ich nur das Nichts

Nichts bleibt ungesagt
Nichts bleibt leer
Nichts bleibt ungesehen

Vielleicht bin ich der Anfang

Spielerin in einem Spiel
ohne Option
Level für Level
wachse ich
beuge mich
nicht
Level für Level
wünsche ich mir
lies zwischen den Zeilen
nimm den Schleier fort
erkenne

Dein nachtschwarzer Himmel
trifft auf meine Sterne

silberner Schein
verwoben mit Schwärze

da ist so ein Glitzern und Funkeln
das die Stille durchbricht

zwischen den Wolken der Mond
und ich vor dir

heute gewinnt das Licht

Manchmal...

Manchmal
fehlen mir die Worte

einfach so

und ich horche
tief in meine Mitte

rastlos
bis ich mich finde

in deinen Worten
in deinen Zeilen

Wort für Wort
mein Anker

entzündest du
an meinen stummen Tagen
ein Licht
das keine Schatten wirft

gibst mir Halt
gibst mir Zuversicht

und ich weiß nicht
wo ich wäre

ohne deine Worte
inmitten meiner Stille

M.- Für immer unvergessen

Wenn ich gewusst hätte,
dass du gehen wirst,
wäre ich wach geblieben
in all´ meinen Nächten.

Wenn ich gewusst hätte,
dass du gehen wirst,
hätte ich jede Minute,
jede Sekunde mit dir verbracht.

Jedem Atemzug hätte ich gelauscht,
ich hätte mir gemerkt
wie es sich anfühlt,
dich zu berühren.

Wie du riechst,
wie dein Lachen klingt,
wie deine Tränen schmecken,
den Klang deiner Stimme.

Wenn ich gewusst hätte,
dass du gehen wirst,
hätte ich meine Seele geöffnet
um dich für immer bei mir zu haben.